BONAPARTE ET FONTANES.

DISCOURS

PRONONCÉ DANS L'AUTRE MONDE

POUR LA RÉCEPTION

DE NAPOLÉON BONAPARTE,

Par Louis FONTANES.

SECONDE ÉDITION.

A PARIS,

CHEZ LES MARCHANDS DE NOUVEAUTÉS.

DISCOURS

PRONONCÉ DANS L'AUTRE MONDE

POUR LA RÉCEPTION

DE NAPOLÉON BONAPARTE,

LE 5 MAI 1821,

PAR LOUIS FONTANES,

Ex-Comte de l'Empire, ex-Président du Corps Législatif, ex-Sénateur, ex-Grand-Maître de l'Université impériale, ex-Grand-Officier de la Légion d'Honneur, etc.

Bis repetita placent.

Pour servir de supplément aux Discours prononcés à l'Académie Française, le 28 juin 1821, par MM. VILLEMAIN et ROGER, en l'honneur de

M. LE MARQUIS DE FONTANES,

Pair de France, ex-Grand-Maître de l'Université royale, Ministre d'État Membre du Conseil privé, Grand-Cordon de l'Ordre royal de la Légion d'Honneur.

A PARIS,

CHEZ LECOUVEY FRÈRES, LIBRAIRES,
Au Palais-Royal, Galerie de Bois ;
ET CHEZ LES MARCHANDS DE NOUVEAUTÉS.

JUILLET 1821.

DISCOURS.

M. DE FONTANES, appelé à répéter devant les habitants de l'autre monde ce qu'il avait dit autrefois de NAPOLÉON BONAPARTE, est venu à sa rencontre le 5 mai 1821, et, le Moniteur à la main, a prononcé le discours qui suit :

MESSIEURS,

MA voix est trop faible sans doute pour se faire entendre au milieu d'une solennité si imposante et si nouvelle pour moi. Mais du moins cette voix est pure ; et comme elle n'a jamais flatté aucune espèce de tyrannie, elle ne s'est pas rendue indigne de célébrer un moment l'héroïsme et la vertu (1).

Il est des hommes prodigieux qui apparaissent d'intervalle en intervalle sur la scène du monde avec le caractère de la grandeur et de la domination. Une cause inconnue et supérieure les envoie, quand il en est temps, pour fonder le berceau ou pour réparer les ruines des Empires. C'est en vain que ces hommes désignés d'avance se tiennent à

(1) Éloge funèbre de Washington, prononcé dans le temple de Mars, par Louis Fontanes, le 20 pluviose an 8, pages 5 et 6. (Bonaparte, d'autres disent Buonaparté, avait été nommé premier Consul le 22 frimaire de la même année.)

l'écart ou se confondent dans la foule : la main de la fortune les soulève tout à coup, et les porte rapidement d'obstacle en obstacle et de triomphe en triomphe jusqu'au sommet de la puissance. Une sorte d'inspiration surnaturelle anime toutes leurs pensées: un mouvement irrésistible est donné à toutes leurs entreprises. La multitude les cherche encore au milieu d'elle, et ne les trouve plus; elle lève les yeux en haut, et voit, dans une sphère éclatante de lumière et de gloire, celui qui ne semblait qu'un téméraire aux yeux de l'ignorance et de l'envie (1).

Il faut ordinairement qu'à la suite *des* grandes crises politiques survienne un personnage extraordinaire qui, par le seul ascendant de sa gloire, comprime l'audace de tous les partis, et ramène l'ordre au sein de la confusion. Il faut, si j'ose le dire, qu'il ressemble à ce dieu de la fable, à ce souverain des vents et des mers, qui, lorsqu'il élevait son front sur les flots, tenait en silence toutes les tempêtes soulevées (2).

Du fond de l'Égypte un homme revient seul avec sa fortune et son génie. Il débarque, et tout est changé. Dès que son nom est à la tête des conseils et des armées, cette monarchie couverte de ses ruines en sort plus glorieuse et plus redoutable que jamais; et voilà comme la vie d'un seul homme est le salut de tous (3) !

(1) Pages 19 et 20 du même Éloge.
(2) Éloge cité, pages 13 et 14.
(3) Moniteur du 18 mai 1807, n°. 138, p. 513, col 3.

(5)

La première place était vacante, le plus digne a dû la remplir; en y montant il n'a détrôné que l'anarchie (1).

O Washington!... celui qui jeune encore te surpassa dans les batailles fermera comme toi de ses mains triomphantes les blessures de la patrie...... Déjà les opprimés oublient leurs maux en se confiant à l'avenir, *et* les acclamations de tous les siècles *accompagnent* le héros qui *donne* ce bienfait à la France et au monde qu'elle ébranle depuis long-temps (2).

Tel est le privilége des grands caractères ; ils semblent si peu appartenir aux âges modernes, qu'ils impriment, dès leur vivant même, je ne sais quoi d'auguste et d'antique à tout ce qu'ils osent exécuter (3).

Un tel caractère est digne des plus beaux jours de l'antiquité. On doute, en rassemblant les traits qui le composent, qu'il ait paru dans notre siècle (4) (*).

L'homme devant qui l'univers se tait, est aussi

---

(1) Moniteur du 26 nivose an 13, n°. 116, p. 425, col. 1.
(2) Éloge cité, p. 29.
(3) *Id.* p. 4.
(4) *Id.* p. 17.
(*) Ici, comme dans ce qui précède, le panégyriste voulait évidemment parler du Citoyen, Fondateur de l'Indépendance Américaine, et s'il a eu *la pensée secrète de faire entendre* au premier consul *une leçon de magnanimité* (a), on voit que ce fut uniquement *par ce sentiment délicat de toutes les bienséances, ce* QUOD DECET *des*............ (b).
(a) Discours académique de M. Roger, 1821, p. 5.
(b) M. Roger, même discours, p. 3 et 4.

l'homme en qui l'univers se confie. Il est à la fois la terreur et l'espérance des peuples ; il n'est pas venu pour détruire, mais pour réparer.

Au milieu de tant d'Etats où la vigueur manquait à tous les conseils et la prévoyance à tous les desseins, il a montré tout à coup ce que peut un grand caractère ; il a rendu à l'histoire moderne l'intérêt de l'histoire ancienne, et ces spectacles extraordinaires que notre faiblesse ne pouvait plus concevoir. Dès que les sages le virent paraître sur la scène du Monde, ils reconnurent en lui tous les signes de la domination, et prévirent que son nom marquerait une nouvelle époque de la société. Ils se gardèrent bien D'ATTRIBUER A LA SEULE FORTUNE cette élévation préparée par tant de victoires, et soutenue par une si haute politique. La fortune est d'ordinaire plus capricieuse ; elle n'obéit si long-temps qu'aux génies supérieurs. Qui ne reconnaît l'ascendant de celui qui nous gouverne ? Puissent les exemples qu'il donne à l'Europe n'être pas perdus, et que tout ce qu'il y a de gouvernements éclairés sur leurs véritables intérêts se réunisse autour du sien, comme autour du centre nécessaire à l'équilibre et au repos général (1)!

PACIFICATEUR DU MONDE, un Empire immense repose sous l'abri de votre puissante administration. La sage uniformité de vos mesures, *(ici l'orateur se reprend)* la sage uniformité de vos lois (2)

---

(1) Moniteur du 6 mars 1806, n°. 65, p. 259, col. 2.
(2) *Errata* du Moniteur, du 6 germinal an 12, n°. 186, p. 853, col. 3. *Voyez* le discours de M. Villemain, p. 15.

en va réunir de plus en plus tous les habitants.

Le Corps Législatif a voulu consacrer cette époque mémorable; il a décrété que votre *statue*, placée au milieu de la salle de ses délibérations, lui rappellerait éternellement vos bienfaits, les devoirs et les espérances du peuple français. Le double droit de conquérant et de législateur a toujours fait taire tous les autres; vous l'avez vu confirmé dans votre personne par le suffrage national (1).

Dans cette enceinte si quelques avis diffèrent, toutes les intentions se ressemblent. J'ose ajouter que cette différence d'opinions, sagement manifestée, est quelquefois le plus bel hommage que l'on puisse rendre au pouvoir monarchique. Elle prouve que la LIBERTÉ, loin de se cacher devant *vous*, se montre avec confiance et qu'elle a cessé d'être dangereuse (2).

Des esclaves tremblants, des nations enchaînées ne s'humilient point aux pieds de cette statue, mais une nation généreuse y voit avec plaisir les traits de son libérateur. Périssent les monuments élevés par l'orgueil et la flatterie! mais que la reconnaissance honore toujours ceux qui sont le prix de l'héroïsme et des bienfaits (3).

Victorieux dans trois parties du monde, pacificateur de l'Europe, législateur de la France, des trônes donnés, des provinces ajoutées à l'Empire, est-ce assez de tant de gloire pour mériter à la fois,

---

(1) Monit. du 5 germinal an 12, n°. 185, p. 848, col. 2 et 3.
(2) *Id.* du 1er. janvier 1809, n°. 1, p. 4, col. 1.
(3) *Id.* du 26 nivôse an 13, n°. 116, p. 424, col. 3.

et ce titre auguste d'*Empereur des Français*, et ce monument érigé dans le temple des lois. (*Ici l'orateur emprunte les paroles de M. Vaublanc.*) (1).

Les trophées guerriers, les arcs de triomphe, en conservant des souvenirs glorieux, rappellent les malheurs des peuples vaincus; mais dans cette solennité d'un genre nouveau tout est consolant, tout est paisible, tout est digne du lieu qui nous rassemble.

L'image du vainqueur de l'Egypte et de l'Italie est sous nos regards, mais elle ne paraît point environnée des attributs de la force et de la victoire.

Malheur à celui qui voudrait affaiblir l'admiration et la reconnaissance que méritent les vertus militaires! loin de moi une telle pensée! Pourrais-je la concevoir devant cette statue?

Mais le législateur est venu, ET NOUS N'AVONS RESPIRÉ QUE SOUS SON EMPIRE.

Que d'autres vantent ses hauts faits d'armes; que toutes les voix de la renommée se fatiguent à dénombrer ses conquêtes! je ne veux célébrer aujourd'hui que les travaux de sa sagesse. Son plus beau triomphe dans la postérité sera d'avoir défendu, contre toutes les révoltes de l'esprit humain, le système social prêt à se dissoudre. (*L'orateur est in-*

(1) Moniteur du 26 nivose an 13, n°. 116, p. 424, col. 3. « Dans ce jour, s'écrie M. Vaublanc, vous permettrez à ma faible voix de s'élever un instant, et de vous rappeler par quelles actions immortelles NAPOLÉON s'est ouvert cette immense carrière de gloire et d'honneurs. Si la louange corrompt les ames faibles, elle est l'aliment des grandes ames....... »

terrompu par les applaudissements de l'assemblée) (1).

Mais sitôt que votre main a relevé les signaux de la patrie, tous les bons Français les ont reconnus et suivis; tous ont passé du côté de votre gloire. Ceux qui *conspirèrent* au sein d'une terre ennemie, renoncèrent irrévocablement à la terre natale; et que pouvaient-ils opposer à votre ascendant? Vous aviez des armées invincibles; ils n'eurent que des libelles et des assassins, et tandis que toutes les voix de la religion s'élevèrent en votre faveur au pied de ces autels que vous avez relevés, ils vous ont fait outrager par quelques organes obscurs de la révolte et de la superstition. L'impuissance de leurs complots est prouvée. Ils rendent tous les jours la destinée plus rigoureuse en luttant contre ses décrets. Qu'ils cédent enfin à ce mouvement irrésistible qui emporte l'univers, et qu'ils méditent en silence sur les causes de la ruine et de l'élévation des Empires (2) (*).

Comment le peuple français n'aurait-il pas mis à sa tête une famille où se réunissent à la fois l'art de vaincre et l'art de gouverner, le talent des négociations et celui de l'éloquence, l'éclat de l'héroïsme, les grâces de l'esprit et le charme de la bonté?

(1) Moniteur du 26 nivose an 13, n°. 116, p. 425, col. 1.
(2) *Id.* du 5 germinal an 12, n°. 185, p. 848, col. 3.
(*) M. de Fontanes, craignant d'effaroucher les oreilles *du héros pacificateur*, affectait de parler devant lui de L'EMPIRE DES LETTRES ; — *Eh! bon Dieu*, lui dit Bonaparte récemment devenu Empereur, *laissez*-LEUR *au moins la* RÉPUBLIQUE DES LETTRES.

Telle, sur un moindre théâtre, parut autrefois cette race de grands hommes qui eut l'honneur de donner son nom au troisième siècle des arts, et qui, produisant tout à coup d'illustres amis des lettres, d'habiles politiques, de grands capitaines, prit une place glorieuse entre les maisons souveraines de l'Europe.

L'un des princes de cette famille obtint le titre d'*Invincible*, un autre fut appelé le *Père des muses*, un autre enfin mérita le nom de *Père du peuple*, et de *Libérateur de la patrie*. Tous ces titres deviendront héréditaires dans les successeurs du héros qui nous gouverne. Il leur transmettra ses leçons et ses exemples (1).

Les années, sous son règne, ont été plus fécondes en grands événements glorieux que les siècles sous d'autres dynasties !

Le monde se *crut* revenu à un temps où, comme l'a dit le plus brillant et le plus profond des écrivains politiques, la marche du vainqueur était si rapide, que *l'univers semblait plutôt le prix de la course que celui de la victoire....* (*Montesquieu, Esprit des Lois, chap. d'Alexandre.*)

Déjà les plus anciennes maisons souveraines brillent d'un nouvel éclat en se rapprochant des rayons de votre couronne. Le repos du continent est le fruit de vos conquêtes. Le Corps Législatif peut donc applaudir sans regret la gloire militaire ; il aime

(1) Moniteur du 29 thermidor an 12, n°. 329, p. 1453, col. 1 et 2.

à louer surtout ce DESIR D'ÉPARGNER LE SANG DES HOMMES, QUE VOUS AVEZ SI SOUVENT MANIFESTÉ, JUSQUE DANS LA PREMIÈRE IVRESSE DU TRIOMPHE. C'est la victoire la moins sanglante qui est la plus honorable à vos yeux!! C'est *à ces traits* qu'on reconnaît un monarque digne de régner sur le peuple français. Il ne suffit pas à VOTRE MAJESTÉ de l'avoir rendu le plus puissant de tous les peuples, elle veut encore qu'il soit le plus heureux : qu'on redise partout qu'une si noble ambition vous occupe sans cesse, et que, pour la satisfaire, vos jours sont aussi remplis dans vos palais que dans vos camps.

SIRE, toutes vos pensées sont empreintes de ce caractère qui seul attire la vénération et l'amour.

Après avoir fait et défait les rois, vous avez vengé leurs tombeaux. Le lieu qui fut le berceau de la France chrétienne voit se relever le temple célèbre où depuis douze siècles la mort confondit les cendres de trois races royales dont TOUTES LES GRANDEURS ÉGALAIENT A PEINE LA VÔTRE (1).

Il ne fut donné qu'à *vous* de renouveler toujours l'admiration qui semblait être épuisée. Mais tant de triomphes ne sont aujourd'hui qu'une partie de *votre* gloire (2) (*).

---

(1) Moniteur du 10 mars 1806, n°. 69, p. 277, col. 1 et 2.

(2) *Id.* 6 mars 1806, n°. 65, p. 259, col. 2.

(*) L'ingénieux éditeur de l'oraison funèbre de Bonaparte, prononcée au Luxembourg, au Palais-Bourbon, aux Tuileries et ailleurs, rapporte les paroles suivantes de M. Séguier :

« NAPOLÉON est au-delà de l'histoire humaine, il appartient

On combattait, on négociait jadis pendant des années pour la prise de quelques villes, et maintenant quelques jours décident du sort des royaumes.

Quelle gloire ancienne et moderne ne s'abaisse désormais devant celui qui, des mers de Naples jusqu'aux bords de la Vistule, tient en repos tant de peuples soumis, qui campe dans un village Sarmate, y reçoit comme à sa cour les ambassadeurs d'Ispahan et de Constantinople, étonnés de se trouver ensemble ; qui réunit dans le même intérêt les sectateurs d'Omar aux temps héroïques ; il est au-dessus de l'admiration, il n'y a que l'amour qui puisse aller jusqu'à lui. »

Nous ne pouvons résister au désir de donner ici la suite de ce discours.

« Faut-il renouveler les combats? Vos succès d'abord inouis, et cependant toujours croissants, annoncent assez quel serait le dernier événement : mais, Sire, il est une chose plus extraordinaire que les prodiges guerriers de Votre Majesté, c'est que vous résistiez à la fortune qui AFFECTE POUR VOUS L'EMPIRE DE LA TERRE; que vous soyez moins ambitieux de vaincre que de vous réconcilier; que vous ne fassiez sentir, par la force de vos armes, les dangers de votre inimitié, que pour faire comprendre, par la force de votre génie, les avantages de votre alliance.

Napoléon n'a jamais voulu que la paix du monde : il a toujours présenté la branche d'olivier à ses provocateurs qui l'ont forcé d'accumuler les lauriers (a). »

Nous engageons les lecteurs curieux de connaître quelques paroles remarquables de dignes Prélats, d'hommes *de tous les côtés*, à recourir à l'écrit le plus piquant (b), qui ait paru depuis la chute de l'*affamé conquérant qui voulait avaler la terre*.

(a) Moniteur du 29 juillet 1807; n°. 210 p. 817, col. 1ʳᵉ.
(b) Oraison funèbre de Buonaparte. Paris, 1814; in-8°.

et d'Ali, qui joint d'un lien commun et l'Espagnol et le Batave, et le Bavarois et le Saxon; qui, pour de plus vastes desseins encore, fait concourir les mouvements de l'Asie avec ceux de l'Europe, et qui montre une seconde fois, comme sous l'Empire romain, le génie guerrier s'armant de toutes les forces de la civilisation, s'avançant contre les barbares, et les forçant de reculer vers les bornes du Monde !

Ce n'est point à moi de lever le voile qui couvre le but de ces expéditions lointaines. Il me suffit de savoir que ce grand homme par qui elles sont dirigées n'est pas moins admirable dans ce qu'il cache que dans ce qu'il laisse voir, et dans ce qu'il médite que dans ce qu'il exécute. Veut-il relever ces antiques barrières qui retenaient aux confins de l'univers policé toutes ces hordes barbares dont le nord menaça toujours le midi ? Sa politique n'a point encore parlé ; attendons qu'il s'explique, et remarquons surtout que ce SILENCE EST LE PLUS SUR GARANT DE SES INTENTIONS PACIFIQUES.

Il a voulu, il VEUT ENCORE LA PAIX ; il la demanda au moment de vaincre ; il l'a redemande après avoir vaincu. Quoique tous les champs de bataille qu'il a parcourus dans trois parties du monde, aient été les théâtres constants de sa gloire, il a toujours GÉMI des désastres de la guerre. C'est parce qu'il en connaît tous les fléaux, qu'il a soin de les porter loin de nous. Cette grande vue de son génie militaire est un grand bienfait. Il faut payer la guerre avec les subsides étrangers, pour ne pas trop aggraver les charges nationales. Il faut vivre chez l'ennemi, pour ne point affamer le peuple qu'on gouverne (1).

Ni les trophées accumulés autour de lui, ni l'éclat de vingt sceptres qu'il tient d'un bras si ferme, et que n'a point réunis Charlemagne lui-même, ne peuvent détourner ses pensées *du bonheur de son peuple* (2).

Le premier des capitaines *a* donc *vu* quelque chose de plus héroïque et de plus élevé que la victoire (3) !

C'était assez pour le premier des héros, ce n'était pas assez pour le premier des Rois ! (4).

Il *lui* fut donné de retrouver l'ordre social sous les débris d'un vaste empire, et de rétablir la fortune de l'Etat au milieu des ravages de la guerre (5).

La guerre, cette maladie ancienne et malheureusement nécessaire, qui travailla toutes les sociétés, ce fléau dont il est si facile de déplorer les effets, et si difficile d'extirper la cause ; la guerre elle-même n'est pas SANS UTILITÉ pour les nations. Elle rend une nouvelle énergie aux vieilles sociétés ; elle RAPPROCHE DE GRANDS PEUPLES long-temps ennemis, qui APPRENNENT A S'ESTIMER SUR LE CHAMP DE BATAILLE ; elle remue et féconde les esprits par des spectacles extraordinaires ; elle instruit surtout le siècle et l'ave-

(1) Moniteur du 18 mai 1807, n°. 138, p. 543, col. 1 et 2.
(2) *Id.* du 18 mai 1807, n° 138, p. 544, col. 1.
(3) *Id.* du 28 octobre 1808, n°. 302, p. 1190, col. 2.
(4) *Id.* du 4 novembre 1808, n°. 309, p. 1218, col. 1.
(5) *Id.* du 28 octobre 1808, n°. 302, p. 1190, col. 2.

nir, quand elle produit un de ces génies rares faits pour tout changer.

La guerre qui épuise tout, a renouvelé nos finances et nos armées ; les peuples vaincus nous donnent des subsides, et la France trouve des soldats dignes d'elle chez les peuples alliés.

Nos yeux ont vu les plus grandes choses. Quelques années ont suffi pour renouveler la face du Monde. Un homme a parcouru l'Europe en ôtant et donnant les diadêmes. Il déplace, il renverse, il étend à son choix les frontières des Empires, tout est entraîné par son ascendant. Eh bien! cet homme, couvert de tant de gloire, nous promet plus encore ; paisible et désarmé, il *prouve* que cette force invincible, qui renverse en courant les trônes et les empires, est au-dessous de cette sagesse vraiment royale qui les conserve par la paix (1).

Sire, tous nos cœurs se sont émus aux témoignages de votre affection pour les Français; et les paroles bienfaisantes que vous avez fait entendre du haut du trône, ont déjà RÉJOUI LES HAMEAUX (*).

Un jour on dira, et ce sera le plus beau trait d'une histoire si merveilleuse, ON DIRA QUE LA DESTINÉE DU PAUVRE occupait celui qui fait la destinée de tant de rois.

Nous jurons, Sire, de ne jamais démentir ces sentiments que vous approuvez, devant ce trône af-

(1) Moniteur du 29 août 1807, n°. 241, p. 950, col. 2 et 3.

(*) On se rappelle quelle joie répandait dans les hameaux le bruit d'une nouvelle conscription !

fermi sur tant de trophées et qui domine l'Europe entière.

Et comment, n'accueilleriez-vous pas ce langage aussi ÉLOIGNÉ DE LA SERVITUDE, QU'IL LE FUT DE L'ANARCHIE (1).

Quand vous immolez votre propre bonheur, CELUI DU PEUPLE occupe seul toute votre ame. Elle s'est émue à l'aspect de la grande famille (c'est ainsi que vous nommez la France), et quoique sûr de tous les dévouements, vous offrez la paix à la tête d'un million de guerriers invincibles.

Vous partez, et je ne sais quelle crainte, inspirée par l'amour et tempérée par l'espérance, a troublé toutes les ames. Nous savons bien pourtant que partout où vous êtes, vous transportez avec vous la fortune et la victoire : la patrie vous accompagne de ses regrets et de ses vœux ; elle vous recommande à ses braves enfants qui forment vos légions fidèles. Ses vœux seront exaucés ; tous vos soldats lui jurent sur leurs épées de veiller autour d'une tête si chère et si glorieuse où reposent tant de destinées. SIRE, la main qui vous conduit de merveille en merveille au sommet des grandeurs humaines, n'abandonnera ni la France, ni L'EUROPE, QUI, SI LONG-TEMPS ENCORE, ONT BESOIN DE VOUS (2).

Vous partez, et le plus brave de tous les peuples est tenté de se plaindre qu'il a trop de gloire en son-

(1) Monit. du 24 août 1807, n°. 236, p. 915, col. 3, 916, col. 1.
(2) *Id.* du 28 octobre 1808, n°. 302, p. 1190, col. 2.

geant qu'il reste séparé du monarque dont cette gloire est l'ouvrage (1).

Malheur au souverain qui n'est grand qu'à la tête des armées ! Heureux celui qui sait gouverner comme il sait vaincre !

C'est lui qui rouvrit les temples de la religion désolée, et qui sauva la morale et les lois d'une ruine presque inévitable. En un mot, il a plus fondé qu'on n'avait détruit. Voilà ce qui recommande éternellement sa mémoire.

De tous les cœurs sortira sans efforts le plus bel éloge du grand homme, auteur de tant de biens.

N'en doutons point, grâce à tout ce qu'il *a* entrepris pour la félicité nationale, sa renommée de conquérant ne sera, dans l'avenir, que la plus faible partie de sa gloire. (*L'assemblée renouvelle ses applaudissements.*) (2)

L'Empereur est trop accoutumé à vaincre pour que nous remarquions dans son histoire, un triomphe de plus. Il suffit de dire, qu'après quelques marches, il était bien au-delà *des bords* où s'arrêta Charlemagne, et que, supérieur à tous les grands hommes qui le précédèrent, il ne trouvera point de Roncevaux (3) (*).

Ce n'est point assez pour lui d'avoir vaincu tant de fois ses ennemis sur le champ de bataille ; il veut

(1) Moniteur du 6 février 1807, n°. 37, p. 143, col. 1.
(2) *Id.* du 4 nov. 1808, n°. 309, p. 1218, col. 1 et 2.
(3) *Id.* du 1er. janvier 1809, n°. 1, p. 4, col. 1.
(*) . . . Waterloo ! !

décourager jusqu'à leurs dernières espérances ; il achève en quelque sorte leur défaite, en affermissant de plus en plus son gouvernement intérieur.

Il fallait que tout fût extraordinaire, comme lui, dans les événements de son règne.

Autrefois, après quelques années de guerre, l'épuisement du trésor contraignait le vainqueur lui-même à demander la paix. Aujourd'hui l'entretien de tant d'armées n'a point interrompu l'amélioration successive des finances (1).

Enfin la guerre a, dans tous les temps, affaibli la force des lois et de la police. Aujourd'hui la police, la plus sage et la plus vigilante, maintient la sûreté publique. On voit disparaître avec le fléau de la mendicité, tous les fléaux et tous les désordres qu'il traîne à sa suite.

On dirait que ce peuple, si terrible au dehors, ne s'occupe, au-dedans, qu'à préparer le siècle de la paix, des arts et des fêtes.

La France a montré tout ce qu'elle peut sous la main toute puissante qui la précipite ou la modère à son gré (2).

Oui, j'en atteste l'honneur français! L'honneur français! que de prodiges on peut faire avec ce seul mot! L'honneur français (*) dirigé par un grand

---

(1) Moniteur du 14 décembre 1809, n°. 348, p. 1380; col. 1

(2) Moniteur du 23 janvier 1810, n°. 23, p. 86, col. 3.

(*) Je suis Francé (*Odry, théâtre des Variétés*) Je suis Francé et.....

homme est un assez puissant ressort pour changer la face de l'univers ! (*applaudissements*) (1).

Que peut ajouter ma voix à l'émotion générale ? Comment exprimer tout ce qu'on éprouve de grand et de doux au milieu de cette imposante cérémonie (*) ? Ils ne sont plus ces temps où les maîtres du monde s'arrogeaient seuls l'honneur des triomphes payés par les travaux et quelquefois par la vie de leurs sujets. Un grand prince appelle aujourd'hui son peuple au partage de sa gloire ; et quel prince a plus que lui le droit de croire qu'il entraîne seul la fortune à sa suite ? Mais sûr de sa grandeur personnelle, il ne craint point de la communiquer ; il n'ignore pas que le monarque accroît les honneurs de son trône de tous ceux qu'il accorde à sa nation.

Sur le champ de bataille, sa première pensée est pour nous. C'est Alexandre (**) qui part de la Macédoine avec son génie et l'espérance, et qui, dès sa première victoire au-delà du Granique, envoie les dépouilles des nations vaincues au temple des dieux de sa patrie.

Ces drapeaux furent conquis sur un peuple égaré par les factions. Non, ce n'est point ce héros que l'Espagnol doit craindre. Ses armes ne le SOUMETTRONT que pour le SAUVER (2).

(1) Moniteur du 23 janvier 1810, n°. 23, p. 87, col. 1.

(*) Drapeaux au Corps Législatif, invasion d'Espagne.

(**) On vantait Talma devant l'Empereur : « *Et! qu'en dit Fontanes; il est pour les anciens, lui ?* » — « SIRE, *Alexandre, Annibal, César ont été remplacés; mais Le Kain ne l'est pas!* »

(2) Moniteur du 23 janvier 1810, n°. 23, p. 86, col. 3.

On a souvent nommé les rois d'ILLUSTRES INGRATS. On a dit, non sans quelque raison, qu'ils mettaient trop tôt en oubli le dévouement de leurs sujets, et qu'auprès du trône il était plus utile de flatter que de servir. COMBIEN LE MAITRE A QUI NOUS SOMMES ATTACHÉS MÉRITE PEU CE REPROCHE ! Du haut point d'élévation qu'il occupe, il jette un regard équitable sur les talents qui sont au-dessous de lui ; car il est trop élevé au-dessus d'eux tous pour ne pas les juger tous avec impartialité. Ses bienfaits préviennent à chaque instant ses serviteurs de toutes les classes (1).

Aussi quels dévouements extraordinaires ne doit pas attendre un souverain si magnanime !

PÉRISSE A JAMAIS LE LANGAGE DE L'ADULATION ET DE LA FLATTERIE ! je ne commencerai point à m'en servir. Je ne dois porter aux pieds du trône que la voix de l'opinion publique. C'est avec elle seule que je louerai le prince. J'exprimerai franchement l'admiration qu'il m'inspire ; l'élite de la France et de l'Europe est ici rassemblée : j'en appelle à leur témoignage. Tout ce que je vais dire de lui sera MERVEILLEUX ET VÉRITABLE !

Transportons-nous par la pensée dans l'avenir. Voyons ce héros, comme la postérité doit le voir un jour, à travers les nuages du temps. C'est alors que sa grandeur paraîtra, pour ainsi dire, fabuleuse ; mais trop de monuments attesteront les merveilles de sa vie pour que le doute soit permis. Si nos descen-

---

(1) Moniteur du 23 janvier 1810, n° 23, p. 87, col. 1.

dants veulent savoir quel est celui qui, seul, depuis l'Empire romain, réunit l'Italie dans un seul corps, l'histoire leur dira : C'est NAPOLÉON. S'ils demandent quel est celui qui, vers la même époque, dissipa les hordes Arabes et Musulmanes au pied des Pyramides et sur les bords du Jourdain ? l'histoire leur dira : C'est NAPOLÉON. Mais d'autres surprises les attendent. Ils apprendront qu'un homme, en quelque sorte désigné d'en haut, partit du fond de l'Égypte au moment où toutes les voix de la France l'appellaient à leur secours, et qu'il y vint rétablir les lois, la religion et l'ordre social menacés d'une ruine prochaine ; cet homme *est* encore NAPOLÉON. Ils verront dans dix années trente États changeant de forme, des trônes fondés, des trônes détruits, Vienne deux fois conquise, et les successeurs du grand Frédéric perdant la moitié de leur héritage. Ils croiront que tant de révolutions, de victoires, sont l'ouvrage de plusieurs conquérants !

L'histoire, appuyée sur le témoignage unanime des contemporains, dissipera toutes les méprises ; elle montrera toujours le même NAPOLÉON fondant de l'Autriche sur la Prusse ; poussant sa marche victorieuse jusqu'aux dernières limites de la Pologne, s'élançant tout à coup du fond de la Sarmatie vers ces monts qui séparent la France des Espagnols, et triomphant près de ces régions où l'anquitité plaçait les bornes du Monde. Et cependant les prodiges ne seront pas épuisés ! il faudra peindre tous les arts rappelant à Paris la magnificence de Rome antique, car il est juste que la ville où réside un si grand homme devienne aussi la VILLE ÉTERNELLE !

J'interroge maintenant tous ceux qui m'écoutent. En est-il un seul qui désavoue le moindre trait de ce tableau ? HEUREUX LES PRINCES QU'ON PEUT LOUER DIGNEMENT AVEC LA VÉRITÉ ! heureux l'orateur qui ne donne aux rois que des éloges justifiés par leurs actions. (*L'assemblée renouvelle ses applaudissements et ses acclamations*) (1).

Et cette Université, que les monarques, vos prédécesseurs, appelaient leur fille aînée. *Comme elle partageait* vivement la joie que *chaque* retour de VOTRE MAJESTÉ *fesait* naître dans tous les cœurs. Elle se félicitait de porter au pied du trône les hommages et les voix d'une génération entière, qu'elle instruisait dans ses écoles, A VOUS SERVIR ET A VOUS AIMER (*).

Oui, SIRE, l'université fondée par Charlemagne, relevée par NAPOLÉON, mille ans après son premier fondateur, ne peut oublier, devant ces deux grands noms, les saints engagements qu'elle a contractés envers le trône et la patrie. Son origine et son antiquité lui rappellent tous ses devoirs, dont le premier est de faire des sujets fidèles.

(1) Moniteur du 23 janvier 1810, n°. 23, p. 87, col. 1 et 2.
(*) L'Université vous parle au nom des enfants, qui vont croître désormais pour VOUS AIMER ET POUR VOUS SERVIR. *Nouveau discours de M. Fontanes à S. M. Louis XVIII.* (Monit. du 4 mai 1814, n°. 124, p. 491, col. 2.)

Mère commune de tous les enfants que l'État lui confie, elle vous exprime leurs sentiments avec les siens. Permettez donc, SIRE, qu'elle détourne un instant les yeux du trône que vous remplissez de tant de gloire, vers cet auguste berceau où repose l'héritier de votre grandeur. Toute la jeunesse française environne avec nous de ses espérances et de ses bénédictions cet enfant royal qui doit la gouverner un jour. Nous le confondons avec VOTRE MAJESTÉ, dans le même respect et dans le même amour. Nous lui jurons d'avance un dévouement sans bornes, comme à vous-même. SIRE, ce mouvement qui nous emporte vers lui ne peut déplaire à votre cœur paternel. Il vous dit que votre génie ne peut mourir; qu'il se perpétuera dans nos descendants, et que la reconnaissance nationale doit être éternelle comme votre nom (1) (*).

Mais bientôt l'EMPEREUR invite lui-même tous les grands corps de l'Etat à manifester leur libre opinion.

(1) Moniteur du 26 décembre 1812, n°. 361, p. 1432, col. 2.

(*) On va juger comment *cette jeunesse généreuse, que* (suivant M. Roger) *tant d'esprits pervers ont cherché à égarer,* apprenait *à fuir toutes ces passions qui troublent le présent et gâtent l'avenir*, *à connaître, à pratiquer ses devoirs avant de s'occuper de ses droits, à n'ouvrir son ame qu'aux émotions nobles et douces et à n'aimer enfin que ce qui doit la rendre heureuse* : *la vertu, le prince et la patrie*. (Discours académique de M. Roger, 1821, p. 18.)

Le 12 mars 1811, on donna pour sujet de composition, à

(24)

Pensée vraiment royale ! Salutaire développement de ces institutions monarchiques, où le pouvoir con-

des élèves d'un des lycées impériaux, la traduction en latin du discours suivant.

*Discours de M. de Fontanes, à l'*Empereur*, à son retour des dernières campagnes d'Autriche.*

« Sire, l'université qu'on appelait depuis tant de siècles, la fille aînée des rois reprend le plus honorable et le plus cher de ses priviléges, celui de porter à Votre Majesté l'hommage de son dévouement, de son respect et de son amour. Elle disait autrefois, pour relever l'éclat de son origine, que Charlemagne fut son père. Elle citera désormais son nouveau fondateur avec plus d'orgueil que le premier. C'est votre destinée d'agrandir toutes les anciennes institutions en les recréant. L'influence de de l'université n'est plus bornée à la capitale, elle embrasse l'immensité de l'Empire accru par vos conquêtes. Les fonctions dont elle est chargée ont peu d'éclat en apparence; elle ne règne que dans l'ombre des écoles; mais elle y cultive l'espérance de la patrie; son devoir est de vous y former des sujets soumis et fidèles, et d'y répandre les sages maximes conservatrices des sociétés et des trônes. C'est de son sein qu'un jour doivent sortir les guerriers qui vaincront sous vos ordres, les magistrats qui feront exécuter vos lois, les prêtres qui vous béniront au pied des autels rétablis par votre sagesse, les savants, les écrivains, les artistes célèbres qui perpétueront par leurs travaux le souvenir de vos grandes actions.

Combien, Sire, les mémorables exemples que vous donnez seront utiles à nos leçons. Autrefois, pour élever l'imagination de la jeunesse, on lui parlait des grands-hommes des temps passés; aujourd'hui le siècle présent a, dans vous seul, ce qu'on admirait en eux de plus héroïque. En développant les prodiges de l'antiquité, nous y joindrons ceux de votre règne.

centré dans les mains d'un seul se fortifie de la confiance de tous, et qui, donnant au trône la garantie de

Jamais l'enfance et la jeunesse n'auront entendu d'aussi merveilleux récits, et leurs cœurs palpiteront d'enthousiasme à votre nom. Quand la paix conquise au bord du Danube par de nouvelles victoires, a désarmé le continent, qu'il nous soit permis, au retour du *Père de la patrie*, de reposer un moment ses regards sur le spectacle aimable de tant de jeunes talents qui croîtront pour le service de l'État.

L'Université paraît, en quelque sorte, devant vous environnée de ces générations naissantes, dont elle redevient la mère. Elle vous porte la bénédiction et les vœux de tous les enfants qui peuplent ses écoles. Vous devez trouver quelque douceur à l'expression de ses sentiments; ils ont la vérité de ce premier âge, où tout est sincère.

Sire, votre Majesté veut remettre en honneur les bonnes études! La voix de toutes les familles s'élève pour vous remercier de ce bienfait. Nous consacrerons les travaux de notre vie à seconder ces vues paternelles; et tandis qu'on portera devant votre char de triomphe les dépouilles des nations vaincues, nous viendrons vous offrir ces pacifiques trophées des sciences, des lettres et des arts qui seront toujours les amis de votre puissance, puisqu'ils ont besoin de la gloire, et ne peuvent fleurir que sous vos auspices. »

Quand le discours fut dicté, un de *ces jeunes barbares* (comme les appelle M. de Châteaubriant) moins poli en effet que le grandmaître de l'Université, au lieu de traduire l'éloge proposé, quitte avec indignation le banc de la classe, et remet au professeur son cahier sur lequel il avait écrit :

> Et je pourrais forcer ma bouche
> A louer un héros farouche
> Né pour le malheur des humains!
>
> (J.-B. Rousseau).

Une autre fois un professeur de rhétorique ordonna de faire

l'opinion nationale, donne aux peuples, à leur tour, le sentiment de leur dignité, trop juste prix de leurs sacrifices !

Des intentions aussi magnanimes ne *devaient* point être trompées.

Rentré dans sa capitale, l'Empereur a détourné les yeux de ces champs de bataille où le monde l'admira quinze ans, il a détaché même sa pensée des grands desseins qu'il avait conçus. Je me sers de ses propres expressions ; IL S'EST TOURNÉ VERS SON PEUPLE, SON COEUR S'EST OUVERT, ET NOUS Y AVONS LU NOS PROPRES SENTIMENTS.

L'Empereur a désiré la paix, et dès que l'espérance d'une négociation a paru possible, il s'est empressé de la saisir (1).

Mais ce n'est plus aux Rois comme eux que les puissances coalisées développent leurs griefs, et qu'ils envoient leurs manifestes ; c'est aux peuples qu'ils les adressent. Et par quel motif adopte-t-on cette marche si nouvelle ? Cet exemple ne peut-il pas être funeste ? Faut-il le donner surtout à cette époque où

---

entrer l'éloge du GRAND NAPOLÉON dans des vers latins sur les soupes économiques, *un autre jeune barbare* mit pour épigraphe ;

> Il a poussé si loin l'ardeur philanthropique,
> Qu'il nourrit *ses sujets* de soupe économique.
> (ETIENNE.)

On devine si la prison fit justice des rebelles ?... Puis menace d'en référer au grand maître... menace d'être chassé en cas de récidive.

(1) Moniteur du 28 décembre 1813, n°. 362, p. 1447, col. 2 et 3.

les esprits, travaillés de toutes les maladies de l'orgueil, ont tant de peine à fléchir sous l'autorité qui LES PROTÈGE, en RÉPRIMANT leur audace ? Et contre qui cette attaque indirecte est-elle dirigée ! Contre le grand homme qui mérita la reconnaissance de tous les rois; car, en établissant le trône de la France, il a fermé le foyer de ce volcan qui les menaçait tous.

Ce n'est point *ici* qu'on outragera les gouvernements qui se permettraient même de nous outrager; mais il est permis d'apprécier à leur juste valeur ces reproches si anciens et si connus, prodigués à toutes les puissances qui ont joué un grand rôle depuis Charles-Quint jusqu'à Louis XIV, et depuis Louis XIV jusqu'à l'EMPEREUR. Ce système d'ENVAHISSEMENT, de PRÉPONDÉRANCE, de MONARCHIE UNIVERSELLE, fut toujours un cri de ralliement pour toutes les coalitions; et du sein même de ces coalitions étonnées de leur imprudence, s'éleva souvent une puissance plus ambitieuse que celle dont on dénonçait l'ambition.

L'EMPEREUR *voulut* LA PAIX; il *voulut* l'acheter par des sacrifices où sa grande ame semblait négliger sa gloire personnelle, pour ne s'occuper que des besoins de la nation.

Quand on jette les yeux sur cette coalition formée d'éléments qui se repoussent; quand on voit le mélange fortuit et bizarre de tant de peuples que la nature a faits rivaux; quand on songe que plusieurs, par des alliances peu réfléchies, s'exposent à des dangers qui ne sont point une chimère, on ne peut croire qu'un pareil assemblage d'intérêts si divers ait une longue durée. Les abus de la force sont marqués en caractères de sang dan toutes les pages de l'histoire ! (1)

Mais pourrais-je mieux louer *mon* souverain qu'en rapportant ses propres paroles ? On a dit depuis long-temps aux orateurs, qu'il n'y avait rien de plus grand que ses actions simplement racontées. On doit ajouter qu'il n'y a rien de plus éloquent que ses paroles. C'est en les répétant avec fidélité qu'on peut le montrer dans toute sa gloire. Combien nous étions émus en l'écoutant la dernière fois, quand il désirait *de vivre trente ans pour* servir *trente ans ses sujets!* » Jamais parole plus royale n'est sortie du cœur d'un grand roi !

Heureux le prince qui connaît si bien ses devoirs et sa dignité, et les exprime avec tant de noblesse.

Quel français ne *formait* le même vœu que le sien ? Oui, qu'il vive trente ans, *disions-nous*, qu'il vive plus encore ! Une vie si précieuse ne peut trop se prolonger ! Et puisque tous les prodiges *semblaient* réservés à lui seul, regrettons-*nous* qu'un règne si mémorable nait surpassé tous les autres par la durée, comme il les surpasse tous par la puissance et la grandeur. (*Les applaudissements se renouvellent de toutes parts*) (2). L'orateur ému ne peut continuer.....

(1) Moniteur du 28 décembre 1813, n°. 362, p. 1448, col. 1 et 2.
(2) Moniteur du 14 décembre 1809, n°. 348, p. 1580, col. 1 et 2.

Sujet proposé à l'Académie pour le concours prochain.

Lequel doit le plus redouter le jugement de la postérité de celui qui, par d'héroïques forfaits, noya dans le sang la Liberté qu'un Washington eût rendue à son pays, ou de celui qui prostitua son éloquence à célébrer de pareilles actions ?.....

IMPRIMERIE DE A BELIN.

www.ingramcontent.com/pod-product-compliance
Lightning Source LLC
Chambersburg PA
CBHW060715050426
42451CB00010B/1450